L'EUROPE

DEVANT

LA FRANCE ROYALE

L'EUROPE

DEVANT

LA FRANCE ROYALE

A MM. les Membres de l'Assemblée nationale

PARIS
LACHAUD ET BURDIN, ÉDITEURS
4, PLACE DU THÉATRE-FRANÇAIS, 4

1873

AVANT-PROPOS

La lettre du Roi est apparue au moment où cette brochure était à l'impression.

Notre conviction, loin de s'affaiblir, s'est fortifiée ; nous trouvons les motifs de cette conviction inébranlable dans les manifestations de l'opinion publique, favorable ou hostile.

En effet :

Le comte de Chambord, loin des passions et de nos dissensions puériles, vit en Europe — et malheureusement la France ne vit plus chez elle. — L'Europe envahissante la pénètre. — La politique allemande, anti-catholique, a ses points d'appui chez les libres penseurs et les républicains. Bismark dirige l'athéisme et la ligue anti-française, à l'intérieur comme à l'extérieur. — La nationalité française a même oublié le sentiment de sa force, car les opposants de la restauration monarchiste ont appelé à leur aide le spectre de l'éventualité mensongère de la guerre italo-germanique, et la fierté française ne s'est pas indignée contre cette manœuvre.

Le comte de Chambord vit en Europe, nous le rappelons, il voit, à l'encontre de ses compatriotes, en véritable Français ; il a dû s'étonner de ne pas reconnaître, dans la triste expression de cette crainte, le cœur de ses Francs.

L'opinion de ses adversaires est qu'il a grandi et elle conclut qu'il est devenu impossible. — Ils l'élèvent et le repoussent. — Ils semblent dire : Nous ne voulons d'autre chef que celui que nous pouvons mépriser. Par là ils se stigmatisent eux-mêmes et donnent leur mesure; mais grâce à Dieu ils ne sont pas la France. Par l'éloge cependant ils se réservent de redevenir Français quand l'esprit de parti n'aura plus obscurci leur jugement.

La publication tardive de la pensée royale a eu un immense résultat. Si je faisais au comte de Chambord l'injure de le croire un politique, je dirais qu'il a rejeté les bonapartistes dans leur véritable voie — en les obligeant de se joindre aux radicaux. Le dernier espoir de l'ordre matériel est donc enlevé aux conservateurs, et il ne reste plus que la royauté ou le radicalisme.

De plus, le pays a appris à connaître le caractère du représentant de la royauté. Il n'a pas visé la popularité, ce danger des gouvernements qui les rend éphémères et est la négation de leur droit. Le Roi était inconnu, il est désormais apprécié. La France ne croyait avoir qu'un Roi, elle a découvert qu'elle a un chef.

La France a conservé les mœurs et le sentiment monarchiques ; elle n'en a plus la conscience : — sa notion, à cet endroit, s'est effacée. — Elle ne voit pas la mission du Roi, — sociale autant que politique, — se plaçant en face de la Force triomphante et au nom du droit arrêtant ses succès. — La preuve en est dans la haine et l'hostilité des organes accrédités des implacables ennemis de la France.

Cette ignorance de la notion monarchique a produit ce résultat que la France n'a pas su lire la lettre du comte de Chambord. Elle n'y a vu que la couleur du drapeau au lieu d'y voir un cri sublime de la conscience royale, réclamant au nom de la patrie le droit de la sauver, le pouvoir de lui faire retrouver sa grandeur.

Ce pouvoir royal, qu'est-il, après tout ? le représentant du passé, le martyr du présent dans les désastres, l'espérance de l'avenir. — Laissez-lui donc intact son droit et sa force. — Que sont les couleurs du drapeau auprès des destinées d'un peuple ? Rien ! qu'un prétexte que les politiques font miroiter aux yeux d'un peuple crédule, héroïque et confiant. Que ce drapeau soit le drapeau de la France, il suffit ; les vrais soldats de la France sauront le défendre et mourir à son ombre.

Enfin, à ceux qui aiment la France plus que leur ambition, plus que leur fortune, plus que leur vie (et nous sommes de ceux-là), nous leur dirons : Vous qui vous êtes jetés dans les bras des sauveurs, vous qui avez accepté les premiers venus pour chefs, d'où vient-il donc que celui seul à qui vous déclariez donner votre estime est aussi celui-là à qui vous refusez votre confiance ? Vous dites que l'estime est générale, et vous déclarez la méfiance universelle. Ne craignez-vous pas que l'histoire ne dise un jour que, vous sentant coupables, vous redoutez même jusqu'à son exemple ?

Laisse ce rôle, France, à l'Allemagne haineuse, à l'Europe terrifiée, neutre et neutralisée !

France, reprends et ton droit et ta force, et surtout ton caractère, et suis dans la voie qu'il te montre, les descendants de tes Rois, qui, t'ayant faite à leur image, sont restés eux-mêmes quand tu t'éloignais de toi-même, et acclame, en le connaissant mieux, et ton Roi et ton chef.

Nous disons aux politiques :

Ce peuple que vous croyez connaître a été dans la stupeur quand vous avez déclaré que la lettre du comte de Chambord rendait le Roi impossible. Sa déception a été plus amère que ses espérances ne vous avaient paru sérieuses. Avouons-le, il s'est cru abandonné ; il craint que ce chef ne lui échappe. Les politiques ont *marchandé* son élection légale, le peuple de France l'acclame dans sa conscience, car il commence par l'estime ; et, je vous le répète, dès aujourd'hui, *qu'importe le jour de l'avénement*, il est l'élu de la Nation.

PRÉFACE

Ce travail était écrit en janvier 1871, et nous ne nous sommes décidés qu'aujourd'hui à le publier, en présence d'événements qui lui donnent toute son actualité.

Il prévoit, dès cette époque, la situation de l'Europe, l'organisation de la Commune, la persécution des catholiques d'Allemagne et d'Italie, cette PRÉFACE du programme allemand.

Il prévoit la réunion de la famille royale devant les malheurs de la patrie, et la restauration de la maison de Bourbon.

Devant des faits prévus avec une logique si précise, faits qui se sont réalisés, on a engagé l'auteur à rééditer ce travail, afin d'éclairer l'opinion publique sur la politique générale de l'Europe qui, loin de changer, s'est accentuée sur la base d'une entente définie et en vue d'éventualités précisées.

C'était un devoir au moment où vont s'accomplir les destinées communes de la maison Royale et de la France.

Voici la pensée des hommes d'État Prussiens :

L'avénement du comte de Chambord, c'est pour la France le gain de dix batailles rangées. — C'est le programme *allemand défait*. — C'est l'empire d'Occident mort-né. *Il faut à tout prix qu'il reste à Frohsdorff. Il faut envahir la* France *pacifiquement avant de la vaincre, en un mot, la dissoudre. L'armée intérieure existe,* — *la haine politique et les divergences religieuses la donnent à l'Allemagne.* — *Développer l'opinion publique en ce sens, c'est assurer le succès.*

Nous rendons cette politique prussienne dans ses expressions et ses traductions littérales.

Le retour du Roi :
C'est la ligue des neutres dissoute ;
C'est, du côté de la France, l'Angleterre, l'Autriche et plus tard la Russie, effrayée des succès d'une puissance désormais sa rivale, ainsi que les États secondaires terrorisés et craignant l'absorption.
C'est l'Allemagne et l'Italie isolées ;
C'est la question européenne de l'Alsace et de la Lorraine sur le tapis d'un congrès ;
C'est la restitution de l'indépendance des catholiques du monde ;
C'est l'examen des questions qui divisent l'Europe traitée sous l'influence du plus loyal, du plus digne souverain qui fût jamais ;
C'est une nouvelle morale planant sur l'Europe par l'exemple et ramenant au vrai, au droit et à la saine politique les souverains éloignés de leur mission, les peuples égarés de leurs voies.
Le Roi a dit :
La parole est à la France et l'heure est a Dieu.
La France a parlé, Dieu a frappé l'heure.
Et cette heure sera pour la France le réveil de sa nationalité, pour l'Europe le retour aux vrais principes de civilisation indispensables aux nations qui doivent survivre.

Le vote de l'Assemblée va traiter une question européenne, — car cette France a ce privilége que, abattue ou triomphante, elle entraîne.

Dans un moment aussi solennel, silence aux opinions : la parole est à la conscience.

Nous allons développer froidement ces questions en précisant la situation exacte de l'Europe, ses moyens d'action, et concentrer notre argumentation autour de deux questions européennes : (l'Alsace-Lorraine) *et* (l'Indépendance du chef de la catholicité). *C'est pour ces causes que se joueront les destinées de la France et de l'Allemagne. La lutte est au début.*

Et pour convaincre ceux qui sont appelés à régler nos destinées, en donnant le chef qui doit diriger la lutte suprême, nous n'aurons qu'à reproduire nos arguments de Janvier 1871 et, au nom de la Patrie, nous leur demandons leur attention.

Ce travail, écrit au milieu d'une France troublée et des politiques en désarroi, était prématuré ; — aujourd'ui, il est actuel et palpitant.

Nous commençons :

L'EUROPE
DEVANT LA FRANCE ROYALE

A Messieurs les Membres de l'Assemblée nationale

Paris, 12 février 1871.

MESSIEURS,

Permettez-moi quelques réflexions sur la situation actuelle.

Il ne s'agit pas de donner une Constitution à la France, il s'agit de conserver une France.

Il ne s'agit pas de faire des lois, mais d'avoir une patrie.

La question est tout entière dans l'Alsace et la Lorraine. — Faut-il les céder, c'est la paix : les conserver, c'est la continuation de la guerre?

Si donc l'ennemi persiste dans ses prétentions, devons-nous continuer la lutte? Devons-nous signer la paix?

J'envisage ces deux alternatives.

I.

La continuation de la lutte paraît impossible.

**

La Prusse a inauguré un nouveau code que notre population civilisée n'est pas préparée à suivre. Les représailles sont donc impossibles ; on trouve toujours des cerveaux ingénieux pour établir des lois féroces ; mais c'est le temps qui prépare ceux qui les appliquent. Celui qui a parcouru l'Allemagne a pu se rendre compte des difficultés de cette entreprise sur un peuple discipliné cependant, ayant d'excellentes dispositions, habile à se persuader qu'il y aurait comme résultat l'unité de l'Allemagne, et sachant surtout, au fond de sa conscience, qu'il était convié au pillage réglementé de cette terre privilégiée qu'on appelle la France, et de cette ville magique, Paris, dont il désire la vue et dont il rêve, peut-être, la ruine avec cette ténacité allemande et cette naïveté féroce qui a forcé le roi Guillaume d'en faire l'objectif de ce que M. de Bismark a appelé le programme allemand.

J'ai entendu, à ce sujet, à l'étranger, avant la guerre, des doctrines qui n'étaient autre chose que la justification de ce nouveau code militaire. La nation en était imprégnée jusqu'à la moelle, et elle avait hâte de l'appliquer. « *La guerre étant une* « *grande horreur, il faut à tout prix la rendre courte ; mais* « *pour atteindre ce but vraiment humain, il faut affaiblir* « *l'ennemi d'abord en le ruinant : donc incendies, vols, pil-* « *lages, déménagements, destruction de ses ressources, etc. ;* « *ensuite, en le terrifiant : donc otages, fusillades, bombar-* « *dements..., etc. ;* et ce code de guerre est rédigé, répandu, imposé, et, éternelle honte de la race allemande, APPLIQUÉ. De plus, il est qualifié d'humain, puisque son but est d'abréger la guerre, au nom d'une civilisation que la duplicité naïve a appelée allemande pour la distinguer de la civilisation française. L'audacieux mystificateur politique qui a enrichi son pays de cette civilisation nouvelle s'est trompé. — La vraie civilisation s'appelle française en France ; car mon pays a cru qu'il y en avait hors de ses frontières : dans le monde, elle s'appelle simplement civilisation, et le monde sait quelle est sa patrie.

Quand un peuple en est arrivé, par l'habileté de ceux qui le dirigent, à une telle perversion du sens moral, et qu'il se sent, pour la première fois, en force, il a le plus terrible de tous les fanatismes, celui de l'intérêt couvrant un mensonge. Il faut du temps à un peuple comme le nôtre, qui n'a que sa foi, son honneur, sa loyauté. Il aura ses martyrs, non le triomphe.

Autrefois la guerre était un duel entre deux nations ; les champions étaient les armées ; le vaincu n'était pas humilié. On approchait l'ennemi, et ce duel faisait connaître le génie des chefs, la bravoure des soldats, leur humanité envers l'ennemi vaincu, et souvent une véritable sympathie unissait, pour un long temps, ceux qui avaient appris à s'estimer et, après tout, avaient souffert ensemble.

La Prusse ou, si l'on veut, la race allemande a inauguré une nouvelle politique et une manière nouvelle de faire la guerre.

Céder devant la force ; accumuler silencieusement les rancunes ; se préparer dans l'ombre ; se munir de renseignements précis par des agents secrets que l'urbanité de la France a empêché de soupçonner (les plus hauts dans la hiérarchie sociale sont les meilleurs, inspirant le plus de confiance) ; entretenir des intelligences secrètes ; corrompre les cœurs ; fomenter les divisions ; acheter les consciences et la publicité ; appliquer les découvertes de la science à la destruction des œuvres de la civilisation ; exploiter même les qualités d'une nation au profit de ses haines cachées, voilà tout le génie de cette race allemande ; et si la science, inspirée par la rage savante et longtemps contenue de la haine et de la destruction, trouve un engin inconnu, la guerre fixée à l'avance est déclarée : voilà la politique de la race allemande.

En Prusse, *une mission divine ;*

En Italie, *les légitimes aspirations des peuples.*

J'ai nommé les nations actives.

Parmi les nations indifférentes, l'Angleterre, c'est le penchant égoïste de voir s'affaiblir réciproquement les grandes puissances militaires du continent et, en particulier, la jalousie innée de ses hommes d'État contre notre prospérité et surtout notre génie national ; le mécontentement qu'elle a éprouvé de n'avoir pu détruire la flotte russe ; le souvenir, lourd à son orgueil, d'avoir été sauvée en Crimée par l'héroïsme de notre armée, et, enfin, le sentiment de sa faiblesse devant la Prusse triomphante et la honte qui l'empêche de s'avouer à elle-même qu'elle préfère son intérêt aux lois éternelles de la civilisation.

L'Autriche, inquiète entre la terreur que lui inspire la Prusse et la menace de la Russie qui se souvient ; l'une ayant pris un point d'appui parmi ses provinces allemandes, l'autre chez ses populations slaves, intriguant chacune avec le génie politique particulier à ses peuples, mais également inflexibles et dangereux pour son unité : ces deux puissances menacent son existence ; elle plie, attend son heure, louvoie avec la Hongrie, se fait libérale en Pologne, et sa diplomatie, qui, en définitive, est restée allemande, trouve une satisfaction secrète de la revanche de Solférino.

L'Italie, alliée de la Prusse dès avant Sadowa, en prévision d'une guerre fixée, préparant dans l'ombre, à l'aide de complicités anti-françaises, cet attentat monstrueux et sans précédent, le vol d'une capitale et la spoliation du patrimoine des catholiques du monde.

Puis viennent les terrorisés, peuples craignant de perdre leur nationalité, rois leur couronne, et pour qui le sort du Hanovre a été un avertissement.

Cet ensemble forme ce que la diplomatie appelle le concert des neutres, l'histoire une faute, la morale une complicité, Dieu un crime.

La France ne saurait imiter aujourd'hui ni cette guerre ni cette politique.

Elle est donc vaincue, dans cette lutte, par son humanité et par sa civilisation.

Elle arme devant l'ennemi ; il n'y a pas unité d'armement, d'où erreur dans les projectiles et les munitions. Elle est supérieure en bravoure, en forces individuelles, mais inférieure en nombre. Les intendances sont désorganisées ; elle ne peut alimenter ses armées par les réquisitions ; elle n'a pas de cadres suffisants. En un mot, elle est héroïque, mais vaincue ; et il a fallu le génie guerrier de sa race pour lutter jusqu'à ce jour dans des conditions aussi défavorables.

*
* *

Le Gouvernement de la défense nationale a commis de grandes fautes.

Il a eu le tort de ne pas confier la défense de la France à un homme de guerre. Le titre qu'il avait pris indiquait sa mission : défendre le pays, par conséquent organiser la résistance et ensuite l'offensive ; donc un homme de guerre. — Mais la pensée du Gouvernement était aussi de préparer l'avénement de la République. Il est sorti du programme et de la logique de sa situation, et il s'est retiré l'assentiment de la France, unanime tant qu'il ne s'est agi que de la défense de son sol. — De là ses fautes : dissolution des Conseils généraux, atteinte portée à l'inamovibilité de la magistrature, ingérence illégale dans les élections et, faute politique irréparable, nomination d'un général étranger pour commander des Français, d'un général qui blesse nos croyances nationales et religieuses, qui a fait couler le sang des Français qui savaient le mieux défendre l'honneur de leur patrie, artisan d'une spoliation monstrueuse, le vol d'une capitale, et de cette unité italienne qui a fait l'unité allemande, popularité embarrassante pour Victor-Emmanuel, rejetée sur la France par une habileté perfide, et, enfin, appartenant à cette nation qui a payé notre appui par une alliance avec la Prusse, préparée dès avant Sadowa.

Le bon sens, la fierté, l'amour de la patrie ont disparu devant cet agent de républicanisme, et, pour comble d'aveugle passion; une parole a osé dire en parlant des Garibaldiens : *L'héroïsme est à l'ordre du jour dans* CETTE *armée!* Sans doute, on rêvait pour son chef de hautes destinées.

Eh bien, en dehors de toute autre considération, comme Français, mon indignation éclate et je dis : Arrière, arrière l'étranger! L'Europe a démérité de notre civilisation. Hors du territoire celui qui s'offre.... et merci! Portez vos bras à vos gouvernements! — La guerre actuelle est une révélation pour la France. Elle a cru qu'en dehors de ses frontières il y avait aussi une civilisation. Elle sait maintenant ce qu'il y a : cruauté froide, vengeance couvée en silence, diplomatie habile à ourdir les trames, artifices de langage destinés à les cacher, et il faut l'avouer, malgré un retour tardif aux lois de l'humanité, inclination de la part des peuples à se laisser persuader par leur gouvernement et par un sentiment de secrète jalousie envers cette France si généreuse dans ses victoires, pour les rois comme pour les peuples.

L'Exposition universelle a facilité les augustes vérifications de l'espionnage militaire et politique, et étalé aux yeux des peuples la riche proie offerte à la barbarie scientifique. Les politiques n'ont pu même arrêter les peuples dans leur impatience du pillage — et la guerre a été faite.

Arrière donc l'étranger comme auxiliaire, et surveillance attentive sur le reste; car *l'éclairage secret* uni à notre loyale confiance et à notre hospitalière urbanité a été le point de départ de nos désastres.

C'est le sentiment de la conservation de mon pays qui me fait parler ainsi. Quand donc la France aura-t-elle le sentiment de sa haute valeur parmi les nations? Quand donc sentira-t-elle qu'il n'y a de vraiment digne d'Elle qu'Elle-même?

Je crois avoir prouvé que la préoccupation d'établir la République a été funeste à la défense nationale, comme la préoccupation dynastique a précipité la chute de l'Empire.

La France n'a plus de drapeau; — la nation cherche son chef. Les gloires du premier Empire parcourant l'Europe en conquérant, qui a dicté ses lois à toutes les capitales, rétabli le culte et l'ordre, ont motivé la restauration du second. Celui-ci a pactisé avec la Révolution, renversé Rome par coups successifs en ayant l'air de la soutenir, fait l'unité de l'Italie et par suite l'unité de l'Allemagne, abdiqué le génie de l'ancienne civilisation française devant les trônes parvenus de l'Europe moderne, tenté de créer une autre France, comme caractères et comme mœurs, et enfin s'est abîmé sous les coups de l'esprit révolutionnaire qu'il avait espéré conduire et sous les habiletés dissimulées et les rancunes inexorables des souverains dont il avait essayé de devenir le bon frère et ami, foudroyé par ce double jeu qui arrivait à faire croire aux révolutionnaires qu'il était leur chef et aux souverains que son trône était solidaire des leurs.

Il n'avait pas le génie du pays qu'il gouvernait et il n'a pas voulu s'y soumettre. Il est tombé.

La République se laisse entraîner dans les abus d'autorité du césarisme, et elle amène derrière elle le cortége des énergumènes, des avidités, et de la haine des choses de Dieu.

Et la France n'a plus le drapeau de l'ancienne France. Elle ne méconnaît pas ses gloires passées, mais elle les a oubliées; elle ne les connaît plus; et si un coin de cette histoire nationale, si éclatante déjà quand naissaient les autres peuples, est soulevé, c'est par les martyrs de cette guerre, dont les noms rappellent les souvenirs inscrits dans les fastes de la France royale.

Le prince qui la résume est dans l'exil, et il a fait paraître, au milieu de l'abaissement moral des trônes ou des ambitions dynastiques, la seule protestation publique vraiment française partie d'un cœur catholique indigné.

Que cette cause du droit soit abattue ou triomphante, elle sera toujours, devant l'histoire, une leçon d'honneur!

Je dis plus, la restauration de cette race serait une défaite pour les souverains d'Europe obligés d'humilier, par la logique inflexible de l'histoire, leurs trônes d'hier devant l'antiquité de la race de ces rois qui, pendant des siècles, seuls, ont personnifié la foi, l'honneur, le courage, la loyauté, la grandeur, ces vertus exclusivement françaises, indispensables aux civilisations qui doivent survivre, race qui a donné à l'admiration de l'univers, Charlemagne, saint Louis, Philippe-Auguste et Louis XIV.

Cette race résume toujours notre France, malgré ses enfants perdus par l'ambition ou égarés par l'ignorance; elle représente toujours, au milieu des dépressions morales des trônes ambitieux ou l'abaissement des peuples courbés, la vraie foi, la liberté individuelle, l'honneur et la loyauté.

L'auteur de cet écrit n'est pas un homme de parti. Il est Français, et il a le sentiment exact, connaissant l'étranger, de ce qui fait la suprématie de la France.

L'Empire a courbé l'Europe par le génie de la force; je sens que la race de nos anciens rois la dominera de toute la hauteur de son droit antique, *entourée des princes de sa maison, qui ont concouru à tant de gloires passées.* Il appartient à une voix indépendante par le caractère, éclairée par le patriotisme, et connaissant l'Europe par une expérience fruit d'une situation exceptionnelle, de faire entendre la vérité historique à une nation troublée qui cherche les éléments de sa force devant l'étranger, et qui ne peut les retrouver que dans les souvenirs glorieux et impérissables d'un passé triomphant, objet de la haine des civilisations barbares.

Le mot *France*, en Europe, est une digue, une leçon, un exemple.

Quelles que soient les convictions politiques de mes compatriotes, l'honnêteté appréciera la clairvoyance de mes idées. Chacun a abdiqué ses espérances devant la République, comptant sur la sagesse et le patriotisme de ses partisans, en face de nos revers. L'expérience a déjà montré leur doctrine : « Périsse la France plutôt que notre parti. »

La France cherche son salut.

Je viens d'énumérer les causes qui rendent la continuation de la lutte difficile, impossible peut-être.

II.

Devons-nous cependant céder l'Alsace et la Lorraine ?

NON.

Il ne s'agit pas seulement, pour la France, de perdre une ou deux provinces. C'est là la profonde différence qui existe entre nous et les autres nations. Voyez l'Allemagne, elle a absorbé la Bavière, la Saxe, la Hesse, le Wurtemberg, dérobé le Hanovre. Elle prendrait les provinces baltiques, l'Autriche même; elle aurait une monstrueuse et fatale puissance, mais elle serait dans le génie de sa race, et ne ferait que des conquêtes allemandes ; suivant la pensée des hommes d'État prussiens, elle compléterait l'unité de l'Allemagne. Elle ferait sentir le poids du glaive et obéirait au droit de conquête, et tout serait dit.

La conquête d'une province française serait un crime de lèse-humanité. L'adhésion de la France constituerait l'abandon de son droit fondamental et du droit des peuples. Elle constituerait une faute irréparable pour son existence.

En effet, cette adhésion volontaire ou forcée consacrerait une spoliation, le droit de la force, et inaugurerait un nouveau code de guerre qui, appliqué forcément à l'époque plus ou moins rapprochée, mais certaine, de la revendication, renouvellerait les orgies sanglantes d'un carnage administratif devenu loi obligatoire du combattant. On a dit que la civilisation retrograderait d'un siècle; je soutiens qu'elle serait supprimée le jour où la France, par de justes représailles, appliquerait dans la guerre légitime de la revendication de ses provinces perdues le code prussien.

Cette guerre administrative et scientifique est une lâche monstruosité et la négation de tout droit.

C'est l'immense armée du socialisme couronné, et le résultat du colossal développement d'un pouvoir sans contrôle, élevé sur les débris des libertés individuelles et politiques des trônes et des peuples.

Le roi Guillaume est-il sûr lui-même d'arrêter l'œuvre sanglante de la spoliation organisée, à la limite que la civilisation allemande lui a assignée ?

Connaissait-il bien le peuple qu'il a préparé, trompé, conduit au pillage, et s'il n'a pas été épouvanté de l'aveugle obéissance de ses ordres, je crains pour sa raison, et j'ai peur pour lui du mal héréditaire qui atteint à son âge les Hohenzollern.

La cession de l'Alsace et de la Lorraine est donc impossible au point de vue de l'humanité ; car elle justifierait une revanche terrible et l'application, en Europe, d'un code de guerre nouveau : bombardement des villes ouvertes, des villes fortifiées, non sur les remparts, mais sur les propriétés jusqu'à reddition, otages, incendies, assassinats à distance des faibles, etc... Les hommes d'État doivent éviter le retour de ces représailles, mépris de la vie humaine, véritable carnage et spoliation de la propriété.

Ce serait une faute irréparable pour l'existence de la France, et je n'ai pas besoin de le prouver. Un mot le dira : *ce serait le premier partage d'une Pologne européenne.*

En effet, l'ennemi serait aux portes de notre capitale ; plus de frontières. La France, depuis 1815, a perdu déjà ses frontières naturelles. Ses *indispensables* n'ont été respectées que par la crainte qu'inspirait son génie militaire. Elles seront donc ouvertes à toutes les convoitises; car, tout en applaudissant en secret à son héroïsme, l'étranger ne craint plus sa force; le prestige, sans être évanoui, est compromis, et qui sait, la tentation est grande! Paris serait bien près, bien prospère, les peuples qui nous entourent bien pauvres; l'Allemand d'aujourd'hui aura dit les merveilles, les richesses de notre civilisation, les produits du sol, et les fils caresseront l'idée d'une nouvelle invasion. Peut-être à cette époque n'y aura-t-il plus une Europe qu'il sera nécessaire de se rendre favorable; peut-être n'y aura-t-il plus même de concert des neutres, et alors un prétexte sera trouvé, une nouvelle « mission divine » sera inspirée, et, comme on aura une vague idée d'un second partage, d'autres peuples se précipiteront à la curée.

Certains politiques crieront à l'exagération; mais ceux qui ont parcouru l'Europe, traversé la Prusse et résidé en Poméranie, visité l'Italie et étudié le Piémont, sauront ce que je veux dire.

La cession de l'Alsace et de la Lorraine serait donc une faute irréparable; ce serait renoncer à notre sécurité.

*
* *

J'ajoute qu'il y aurait injustice et ingratitude.

Qu'avons-nous vu, en effet, dans cette lutte? Ces deux provinces gardiennes de la France se sacrifier pour arrêter l'invasion, vaincues mais indomptées, céder enfin et rester victimes d'une occupation sans précédent dans l'histoire par sa cruauté et une soif de vengeance que les ruines amoncelées n'ont pu assouvir; puis, la France, digne de ses provinces, subir à son tour les horreurs du torrent, longtemps contenu, mais enfin débordé, de l'invasion triomphante; Paris, suivre l'exemple, donner au monde le spectacle de la résistance, seulement vaincu par la famine et le nombre des victimes sacrifiées, et les autres provinces, la Bretagne au premier rang, donner ses enfants pour conserver ces deux héroïques provinces à cette patrie dont elles sont si dignes : rivalité d'héroïsme et de sacrifices qui rive à jamais l'une à l'autre les provinces de France.

J'oserai le dire, avec un juste orgueil, il faut que cette civilisation française soit bien belle pour que, malgré de pareilles souffrances, elle crée une semblable solidarité !

On peut ajouter que le mot « Patrie » en France répond à une pensée différente de celles des autres peuples : à l'étranger, c'est la réunion des forces qui peuvent acquérir, dompter, comprimer et donner, en commun, les joies de l'âpre cupidité ou l'orgueil de l'envie satisfaite ; en France, c'est le foyer du droit, de la liberté, le trésor d'un glorieux passé et le sentiment d'une destinée civilisatrice.

Il y aurait donc injustice et ingratitude à signer l'abandon de l'Alsace et de la Lorraine; injustice et ingratitude, deux choses impossibles en France, deux vices qu'abhorre cette nation généreuse et que l'étranger ne saurait lui imposer.

*
* *

J'envisage une face spéciale de la question :

Céder avec l'intention de revendiquer le jour où l'on sera prêt.

Je vais essayer de démontrer l'impossibilité de la revanche ou du moins ses chances problématiques et prochaines.

Pour quelques puissances, le concert des neutres a été le résultat d'une entente préparée longtemps avant la guerre : la prise de Rome, la dénonciation du traité de 1856, en ont montré le prix ; pour d'autres, une obligation d'impuissance ; pour le reste, l'expectative de la frayeur.

Quels qu'en aient été les mobiles secrets ou avoués, il existe et forme en Europe, pour un long temps, une véritable solidarité, celle de la complicité.

Quelques nations, il est vrai, ont pu la regretter ; mais, en somme, elles se sont soumises et en acceptent, dès lors, pour l'avenir, les conséquences politiques.

Il est encore vrai que les peuples plus civilisés et surtout ceux de croyance catholique ont montré quelques sympathies aux Français, sinon à la France. Quelques cabinets même ont été effrayés du concours qu'ils avaient prêté à la Prusse, quand ils se sont vu joués par cette nation qu'ils n'avaient pas cru si bien préparée, et qu'ils n'auraient jamais pu soupçonner de poursuivre avec tant de férocité une politique d'anéantissement.

Ils avaient peur du génie civilisateur de la France ; ils ont fait la découverte d'une race qui veut tout broyer sous sa domination destructive.

Ils sentent qu'il y a éclipse de la civilisation dont la France, malgré ses fautes, tenait le drapeau. Disons-le, ils craignent pour leur sécurité.

Qu'est-ce que cela prouve? Que les peuples sont en désaccord aevc leurs gouvernements ; mais les cabinets engagés n'en resteront pas moins solidaires.

L'histoire a vu ce fait se produire après le partage de la Pologne, l'anéantissement d'une nation catholique comme la France, comme elle libérale et malheureusement divisée comme elle. Vous trouvez les complices unis jusqu'à l'époque de la guerre de Crimée, et la Prusse et la Russie s'appliquent à démontrer à l'Autriche qu'elle a cessé d'être forte le jour où elle s'est dégagée de la *triple alliance*.

L'Europe restera donc solidaire et unie.

Quelles circonstances, quel jour la France pourra-t-elle choisir pour revendiquer ses provinces perdues et ressaisir son influence amoindrie ?

Que la France se rappelle qu'une des habiletés de M. de Bismark a été, pendant qu'il préparait la guerre, de se plaindre de l'esprit de conquête de la France, d'invoquer avec une feinte terreur l'appui de l'Europe, de jouer la peur et de continuer cette politique de duplicité en réclamant l'Alsace et la Lorraine comme une sécurité, — et la France a été assez naïve, flattée dans son amour-propre, pour protester de son désir d'être en paix avec l'Allemagne ! Hélas ! nous avons pu juger de la loyauté de l'une et de la fourberie de l'autre.

Mais la Prusse a dépassé le but ; elle a jeté l'Allemagne entière, préparée, excitée sur une armée héroïque dont elle savait la faiblesse numérique, et ensuite s'est livrée, sur une population désarmée, au ravage méthodique, but de ses formidables armements.

La Prusse continuera la même comédie diplomatique, et elle parlera à une Europe terrifiée et affaiblie qui sera forcée de la croire, après s'y être prêtée d'abord avec une complaisance qu'expliquait son envie.

Que l'on considère d'ailleurs que les trônes de l'Europe sont occupés par des souverains de race allemande, la plupart étrangers aux nations qu'ils gouvernent.

La maison de Hanovre règne en Angleterre ; en Espagne, en Portugal, en Italie, c'est le sang allemand qui coule dans les veines des souverains. L'Autriche, les provinces danubiennes et la Grèce, sont gouvernées par des races allemandes, et le cathocisme seul a pu exercer quelquefois une salutaire influence sur leur politique. L'Amérique même a dévié de sa voie par l'infiltration lente et continue de l'émigration prussienne. Cette situation crée un ensemble de vues politiques basé sur l'identité des races gouvernantes, et par des alliances de famille une solidarité politique plus puissante qu'on ne le suppose généralement.

La France ne retrouvera donc plus l'heure de sa revanche, et son sort le plus heureux sera de ne pas être inquiétée dans son infériorité.

On la laissera sans doute vivre pour la distraction des *forts*.

Et qu'on ne vienne pas dire — avec quelques philosophes — qu'elle aura toujours le grand rôle de la civilisation. Ce grand rôle s'annule sans le respect qu'inspire la puissance.

Et puis, il faut l'avouer, nous aurons contre nous l'humanité. On ne voit qu'une fois de pareilles horreurs. Une civilisation ne résisterait, peut-être, pas à une seconde hécatombe.

La France ne peut donc ni continuer la guerre, ni céder l'Alsace et la Lorraine, ni, si elle cédait ces provinces, espérer une prompte revanche.

III.

Que convient-il de faire dans cette cruelle alternative.

QUE L'ASSEMBLÉE DE LA NATION FRANÇAISE NE S'OCCUPE QUE D'UNE QUESTION : LA PAIX OU LA GUERRE.

EN CONSÉQUENCE, QU'ELLE DEMANDE LES CONDITIONS DE L'ENNEMI, ET LES FASSE CONNAITRE A LA FRANCE.

ET SI L'ENNEMI EXIGE UNE CESSION DE TERRITOIRE, QU'ELLE INTERROGE OFFICIELLEMENT ET PUBLIQUEMENT LES CABINETS ÉTRANGERS.

QU'ELLE LEUR POSE CETTE QUESTION : RECONNAISSEZ-VOUS LE DROIT DES PEUPLES, OU APPROUVEZ-VOUS LE DROIT DE CONQUÊTE ?

Examinons les conséquences de cette alternative, *qui s'impose jusqu'à sa solution*.

Et d'abord, disons que la France n'abdique pas, dans cette interrogation, son indépendance politique. Elle force le concert des neutres à parler. Il ne s'agit plus de témoignages d'une sympathie stérile ; il s'agit de fixer le droit des nations, de l'effacer du code international ou de le maintenir tel que l'a formulé la civilisation moderne, d'un commun accord.

Et il appartient à une assemblée française de maintenir un grand principe. La Prusse fait valoir le droit de conquête et veut détenir l'Alsace et la Lorraine, en vertu du droit de la force, et, pour me servir d'une expression de sa diplomatie, elle fait sentir aux rois et aux peuples « le poids du glaive. » Elle fait valoir surtout, devant l'opinion publique, la nécessité de sa sécurité. Cet argument qui montre qu'elle n'a pas confiance dans le droit qu'elle invoque, pouvait être employé avant la guerre : il ne saurait se produire aujourd'hui sans impudence et se soutenir sans ironie.

Mais la France invoque le droit absolu des nations de ne pouvoir être annexées sans le consentement libre des populations.

Une assemblée française doit se déclarer impuissante à retirer un droit absolu à la nation qui l'a élue.

Devant cette difficulté, c'est-à-dire l'impossibilité pour elle de reconnaître le droit de conquête en cédant une partie de son territoire, et de nier, par conséquent, le droit des nations de se choisir le gouvernement qui leur convient et à *fortiori* sa nationalité, l'Assemblée s'adresse officiellement aux cabinets de l'Europe, aux gouvernements des pays libres, intéressés comme la France, et les saisit de cette question de droit international.

L'Assemblée française, je le répète, ne peut detruire ce droit en France ; elle ne peut l'effacer du droit des nations. Elle pose la question.

Quel gouvernement osera affirmer à la face du monde civilisé que « la force prime le droit ? »

Un seul argument sera porté par le vainqueur : « la France a déclaré la guerre ! » Les temps sont loin où cet argument avait cours. La Prusse a prouvé ses immenses préparatifs, ses projets, ses études. L'Europe sait qu'elle avait provoqué les susceptibilités de la France, par ses écrits, l'annonce de ses projets, quand ses armements étaient prêts, jusqu'à publier une carte où l'Alsace et la Lorraine étaient réunies à l'Allemagne. Personne ne peut plus être dupe de cet argument.

Mais surtout, il y a la déclaration du roi Guillaume qui a affirmé combattre Napoléon III et l'armée, non la nation.

Napoléon III et l'armée sont prisonniers ; la guerre se continuant ne révélait plus qu'une pensée de conquête, et dévoilait les convoitises allemandes en même temps qu'une férocité et une haine dont aucune guerre, à aucune époque, n'offre le sanglant spectacle.

Il faut le répéter encore : une assemblée est impuissante à effacer le droit des peuples. Représentation d'un pays vaincu, il faut l'avouer, pour la première fois, mais vaincu et plus glorieux dans ses défaites par son héroïque résistance, elle s'adresse officiellement aux gouvernements et pose cette question : Consacrez-vous le droit de l'Alsace et de la Lorraine de décider librement de leurs destinées, ou bien consacrez-vous le droit de conquête, celui du plus fort ?

Elle attendra la réponse, avec la dignité qui convient à la représentation d'un grand peuple, défendant le droit des nations.

Elle se rappellera que la France, dans ses succès ou dans ses revers, a toujours enrichi la civilisation d'une nouvelle conquête.

Peut-être alors l'Amérique se souviendra-t-elle qu'elle nous doit son indépendance, l'Italie sa gratitude ; la Grèce, la Belgique leur existence ; la Russie, l'Autriche, la Prusse se rappelleront notre modération dans les victoires ; notre humanité dans la guerre; les peuples leurs droits; le monde sa civilisation. Peut-être les nations comprendront-elles mieux encore leurs véritables intérêts.

Il sera temps après la réponse de prononcer sa décision solennelle.

Elle aura forcé l'Europe à parler. Si le droit des peuples est consacré, l'Alsace et la Lorraine ne seront plus la proie du plus fort ou du plus habile.

Si le droit de conquête est reconnu, elle dénoncera au monde moderne cette doctrine monstrueuse de l'Europe, et il lui restera une alternative *la continuation de la lutte ou la paix.*

Examinons ces deux situations.

La continuation de la lutte est difficile, elle serait désespérée. Le Gouvernement élu par la majorité de l'Assemblée devra déclarer les ressources de la France, les sacrifices qu'elle doit s'imposer, et si l'Assemblée décide que de nouveau le sang devra couler, que de nouveau le pays devra continuer à subir le ravage, la spoliation, l'incendie, l'Europe sera effrayée de de son héroïsme et de ses conséquences. Elle envisagera avec terreur les germes de dissolution qu'elle renferme, son industrie paralysée, sa vie politique suspendue, sa prospérité anéantie. C'est que la France ne saurait souffrir longtemps sans que le monde s'arrête, et l'Europe subira la première les conséquences de son aveuglement. Ce n'est pas impunément pour le reste du monde que la France est victime, et le vainqueur lui-même, sans autre issue que la continuation de ses forfaits, se lassera d'une situation qu'aura créée sa haine. La Prusse assumera la responsabilité de ces désastres devant l'histoire qu'elle brave, et fléchira, vaincue et abhorrée devant l'opinion publique qu'elle méprise. Elle succombera avant sa victime sous la double réprobation de l'Europe et de ses peuples ; *car l'Allemagne a fait un effort au niveau de sa haine et de sa rapacité, mais au-dessus de ses forces et de ses ressources.* Ruinée et affaiblie, elle sera condamnée au rôle de dévastatrice réprouvée et maudite.

Sait-on, d'ailleurs, ce que serait la France réduite au courage du désespoir ? Que l'Europe songe que dans cette guerre, la France a été surprise ! L'intérêt de l'Allemagne doit lui conseiller la modération.

*_**

Si la France *subit* la paix, ce sera avec l'arrière-pensée d'une implacable revendication. Elle armera, tiendra l'Europe en émoi et paralysera son développement industriel. Riche de son sol et du génie de ses habitants, elle guettera son heure, fermera ses frontières à l'étranger, fera arme de ses doctrines, entretiendra une crainte dont se lasseront ses ennemis, et, un jour, instruite par l'expérience, elle appliquera le code prussien, approuvé par l'Europe, et avec le génie guerrier de sa race, armée d'une légitime soif de vengeance, elle reprendra une lutte sans pitié et sans merci.

Ainsi donc, si l'Europe consacre le droit de conquête, — continuation de la lutte ou signature de la paix, — l'intérêt de l'Europe est compromis.

Telle sera la conséquence du jugement qu'elle-même aura porté.

Elle ébranlera la civilisation du vieux monde.

*_**

La diplomatie peut émettre, dans une pensée de perfide conciliation, une solution favorable à la Prusse triomphante et terrifiante : *la neutralisation de l'Alsace et de la Lorraine.*

Mais au nom de la sécurité de l'Europe, l'étranger ne peut l'imposer à ceux qui veulent rester Français. Aucun peuple ne peut être sacrifié à la prospérité des autres, et cette neutralité qui consiste à ne donner aucune nationalité à une population; cette combinaison constituerait un expédient plein de périls. Les Lorrains et les Alsaciens, si dignes de rester Français, aspireraient à reconquérir ce titre glorieux, et la France les seconderait, et, au jour de sa force, les revendiquerait.

Donc, même péril pour l'Europe.

Il faut l'avouer, ce n'est pas impunément que l'on peut transgresser les lois éternelles du droit et de la justice. L'humanité trouve dans le droit et la justice sa sauvegarde. Ils abritent le foyer, protégent la famille, conservent la propriété, ce principe sacré des sociétés modernes et qui n'est autre, après tout, que le respect du labeur des générations. Ils protégent aussi les trônes. Et que les souverains de l'Europe regardent leurs peuples protestant déjà, au nom de l'humanité et des vertus chrétiennes, contre leurs spoliations, leurs haines et leur orgueil! Ne sont-ils pas les victimes de ces programmes inventés par les politiques, que ces programmes s'appellent Constantinople ou unité de l'Allemagne? Ils coûtent des flots de sang et le fruit du travail des générations, et n'aboutissent qu'au développement de ces despotismes monstrueux et corrupteurs qui, après avoir courbé les peuples, avili les consciences, supprimé les caractères, fondent le règne de la démoralisation politique et sociale, jusqu'au jour de la justice marqué par Dieu.

L'Europe doit faire entendre son verdict, reconnaître le droit des peuples de régler leurs destinées, répudier le droit de conquête, et sauver ainsi la France, si elle ne veut pas être un jour détruite par une France vengeresse.

L'Europe n'a qu'un cri, — la paix; l'Allemagne demande — la paix.

L'humanité crie partout : assez de carnages, de fusillades, d'égorgements, de pillages.

C'est au nom de la vie humaine et de la propriété que proteste l'opinion publique.

Profitez, Messieurs, de cette force en faveur de la France et du droit public européen. Montrez-la décidée à continuer la lutte si l'intégrité de son territoire n'est pas reconnue. Dites qu'aucune assemblée française n'a le pouvoir de détruire, au nom de la France, ce droit qu'ont les peuples de décider de leurs destinées et de leurs nationalités, et que vous ne pouvez consacrer le droit de la force, que votre mission est de traiter de la paix ou de la guerre, non d'abolir le droit des peuples.

Adressez-vous, je le répète, officiellement et publiquement aux gouvernements étrangers, aux assemblées des pays où existent des Chambres ; adressez-vous aux organes de la publicité, à l'opinion du monde, — et attendez.

Si le droit des peuples est reconnu, vous aurez condamné à jamais le droit de conquête, paralysé les guerres à venir et peut-être créé cette juridiction européenne, arbitre des conflits, dont le Congrès, proposé par Napoléon III à l'Europe railleuse et sceptique, contenait le germe.

Si le droit de conquête était reconnu, une réprobation universelle l'accueillerait. Avec le code de guerre prussien, que l'Europe serait forcée d'adopter pour sa légitime défense, la guerre serait un carnage méthodique et scientifique, la destruction de la liberté individuelle, la négation de la propriété et le triomphe du socialisme couronné. Les nations seraient conviées au ravage les unes des autres à des époques périodiques, jusqu'au jour où les peuples victorieux comme les peuples écrasés, se sentiraient victimes. Il serait trop tard alors pour la civilisation.

J'ai confiance dans cette épreuve. Je ne crains pas la consécration du droit de conquête. On n'oserait l'avouer à la face du monde.

IV.

Je n'ai fait que traiter la question politique ; je veux dire quelques mots en terminant de la question religieuse.

Elle sort du cadre que je m'étais tracé ; mais quand je vois l'éclipse produite par la persécution des choses de Dieu, la spoliation du patriotisme de l'Église catholique universelle ; quand l'histoire nous montre l'éclat de la grandeur de la France religieuse de Charlemagne, de saint Louis, de Philippe-Auguste, je ne puis taire ma douleur en face de l'aveuglement des politiques qui se prétendent Français en détruisant l'influence du catholicisme.

Dans notre Europe, l'opinion publique joue un grand rôle. Je n'en veux pour preuve que le soin qu'a pris la diplomatie prussienne pour la séduire, la tromper dans la pensée de cette guerre. Or, les catholiques sont en majorité dans l'univers et ils dominent en Europe. La France, fille aînée de l'Église, gardienne à Rome du patrimoine de l'Église, propriété inaliénable des catholiques du monde, acquiert les sympathies des nations de sa foi. Elle a pour elle, les catholiques d'Irlande et d'Angleterre, d'Espagne, de Portugal, d'Autriche, des provinces rhénanes en Allemagne, de Belgique, de Suisse, les missions répandues dans l'univers : une communauté de croyances et de destinées les unit. C'est vers la France que se tourne le monde catholique.

Ne voyez-vous pas vos plus cruels ennemis applaudir et aider à la spoliation de Rome ?

Dans les pays protestants ou de schisme, le souverain, chef du gouvernement et de la religion, domine les consciences et conduit les peuples. Ils fanatisent et emplissent le cœur des peuples qu'ils gouvernent de la double haine du catholicisme et de la France. J'ai pu en être témoin. Des politiques habiles n'ont-ils pas tenté d'accomplir cette alliance étrange du schisme grec et du protestantisme anglican, ainsi que du calvanisme américain ? J'ai vu les délégués de ces cultes se réunir en congrès, éteindre leurs divisions en haine du catholicisme et de la France.

Ne voyez-vous pas le roi de Prusse s'attribuer une mission divine, et ses peuples fanatisés croire au châtiment que cet envoyé du ciel est chargé d'infliger à la « moderne Babylone ? » Comme en Angleterre, les lectures des Bibles, dont ils interprètent les textes au profit de leur haine, les aveuglent et les fanatisent.

Ces schismes, produit de l'orgueil des rois et instrument de despotisme pour lesquels Rome était une barrière infranchissable quand ils s'éloignaient, énivrés de leur puissance, des lois éternelles de la morale divine et humaine, ont consommé ces attentats.

Ils ont progressé dans des proportions menaçantes pour la liberté des trônes et des peuples catholiques. On les a vus s'allier à la Révolution dont ils ont les mêmes principes, pour renverser la barrière que Rome oppose à leur despotisme religieux et politique.

Mais les peuples trompés sentiront qu'ils ont été instruments et victimes. La vérité religieuse et politique, obscurcie par les intérêts des dynasties schismatiques, retournera à son foyer éternel, et, au milieu de ces gigantesques orgies de mensonges perfides et de luttes sanglantes, les nations subjuguées et spoliées retrouveront la voie de la vérité et de l'indépendance des consciences, source unique des libertés politiques.

La Russie peut faire de ses croyances le pivot de sa politique et l'instrument de sa force, la Prusse s'arroger une mission divine, réformatrice sanglante, les schismes lutteront entre eux. Associés dans une haine commune, l'intérêt et l'ambition les diviseront ; ce sera le combat de deux mensonges, et, dans ces luttes terribles, le catholicisme resplendira aux yeux des peuples comme un refuge et l'image de la vraie foi, de la charité et de l'espérance. Sur les ruines de ces schismes, la France, et le monde à sa suite, retrouveront leur voie politique, et la vraie civilisation reprendra son cours interrompu.

Ne voyez-vous pas déjà le schisme grec inquiéter l'anglicanisme dans l'Inde, le protestantisme s'infiltrer dans les provinces Baltiques, s'étendre et rejeter peu à peu le slavisme dans son antique capitale Moscou, et dominer déjà le slavisme par les fonctionnaires allemands ? C'est cette influence qui a pacifié la Pologne, et rendu plus difficile l'union des Russes et des Polonais comme appartenant les uns et les autres à la race slave, rêve du grand-duc Constantin et du marquis Wielopolski, détruit par Mourawieff, général pacificateur administratif de la race polonaise.

En attaquant Rome pour subjuguer les consciences et asseoir en France sa domination, Napoléon III a ébranlé la civilisation du vieux monde et jeté la France, qui marchait à sa tête, hors de ses voies politiques et historiques. Il a couronné le schisme, ennemi de Rome et de la France, dans la personne du dernier parvenu des rois modernes.

Et, pour compléter l'image de sa défaite, lui, César catholique, il est tombé aux pieds de ce nouveau César schismatique, revêtu des insignes des empereurs d'Occident.

Pendant que ce César teuton broie sur son passage les populations égorgées qu'il désigne à la haine religieuse et à la rapacité de ses peuplades fanatisées, il regarde, avec une admiration qu'avive encore sa haine, cette ville superbe dont il est venu calculer les richesses ; son œil fauve voit les ruines de Paris amoncelées et il se demande si sa mission divine est bien remplie, et s'il ne dépasserait pas en grandeur tous les fléaux de Dieu, en la livrant au pillage de ses hordes si longtemps contenues et si dignes de récompense.

Que manquerait-il à cette éventualité ? Le prétexte qu'il est si bien dans sa politique de faire naître.

Ne trouverait-il pas pour le lui donner cet élément révolutionnaire, ayant les mêmes doctrines sur la vie humaine et la propriété, socialisme du trône ou du ruisseau, l'un et l'autre domptant par la terreur de la barricade ou celle de la horde armée, ayant tous deux le pillage pour but, le carnage comme moyen, possédant une même organisation occulte, animés d'un même sentiment de haine et de destruction pour ce qu'ils ne peuvent produire, conduisant les foules par les espérances de curée productive et les orgies grossières, absorbant l'individu dans le mécanisme de leur ténébreuse organisation, étonnant le monde par l'immensité de leurs préparatifs, et plus encore par l'art des dissimulations qui les voilent, rapprochés même par une identique profanation et un même blasphème, l'un en reniant Dieu, l'autre en rendant grâce au Sauveur du monde des succès de sa mission divine de déprédations et de massacres, profanation et parjure unis dans une commune haine du catholicisme et de la civilisation de la France.

Il appartenait à notre triste époque de voir le socialisme assis sur un trône, et un roi prussien, appliquant lui-même ce qui n'était encore qu'une doctrine, proclamé Empereur allemand par les rois, devenus ses lieutenants terrorisés, autrefois cependant les champions de l'indépendance de leurs États et de la liberté politique et religieuse de leurs peuples.

C'est le triomphe de la démoralisation politique et sociale, toutes deux organisées administrativement.

C'est la même tactique comme moyen de succès.

C'est la même discipline et la même phraséologie.

Il n'y a d'égale à cette féroce fourberie que la candeur de la loyauté et du droit.

L'alliance est faite depuis longtemps entre le despotisme et le socialisme, lançant les foules à la curée et au carnage.

La guerre de 1871 la dévoile aux yeux de l'humanité terrifiée.

Paris, capitale du monde civilisé, souillé du regard de ce César d'hier et des convoitises de son peuple à l'heure où Rome, capitale du monde catholique, est dérobée par un savoyard devenu condottière, et entouré de l'écume des aventuriers de toute provenance ;

Et le monde religieux et la civilisation livrés par celui qui devait continuer leurs triomphes passés et éternels.

Mais, la France existe toujours avec le génie de son éclatante et antique histoire, et la conscience de sa mission à venir un moment obscurcie ; elle sait que ce n'est pas la force qui dit le dernier mot des grandes luttes sociales, c'est l'héroïsme, cette vertu exclusive des peuples catholiques.

*
* *

Il faut que les politiques se résignent à l'évidence. Les luttes sont désormais placées sur le terrain de la vérité et de l'erreur religieuses. Les guerres autrefois étaient localisées ; elles aidaient à la formation des États. Mais aujourd'hui les agglomérations sont faites, et c'est sur cette base de l'erreur religieuse que se sont formés ces États nouveaux de l'Europe moderne, que se sont développées leurs institutions, leurs lois, leurs mœurs. C'est dans l'esprit de leur schisme que se sont formées leurs forces, défensives d'abord, agressives fatalement aujourd'hui. Ces forces ne sont pas des armées, mais des nations ; elles s'ébranlent et menacent du sein de l'Allemagne et du fond des steppes, colossales par le nombre, puissantes par une discipline de fer, animées d'un vague instinct de jouissance inconnues, dirigées par des chefs redoutés, habiles à appliquer les découvertes scientifiques du génie civilisateur de l'Occident à la destruction et au ravage, race impuissante à produire, mais organisée pour la conquête et la dévastation après des siècles de patience calculée et de servitude prévoyante, conduite et fanatisée par des chefs souverains et pontifes, redoutés et adorés.

La guerre actuelle en est l'avertissement et le prélude.

L'union du monde catholique *seule* en brisera le choc.

L'âme de la résistance et du triomphe est à Rome : la vérité politique et religieuse combattant l'erreur politique et religieuse.

La Révolution est l'auxiliaire des forces qui menacent la civilisation moderne. — Les libres penseurs sont de dangereux politiques devant les multitudes qui menacent d'engloutir les droits et les libertés des peuples.

Que l'approche du danger fasse taire nos divisions et nos stériles discussions.

Rapprochons-nous, unissons nos forces, et réalisons le programme de salut :

Intégrité de la France et du patrimoine de l'Église.

Quelle que soit la forme du gouvernement que la France décidera, je m'incline devant lui, faisant taire mes prédilections.

Celui-là seul aura chance de durée qui replacera, par le devoir et la discipline, l'honneur et la foi, la France au rang que la Providence lui a assigné, lui rendra son ancienne et légitime suprématie, afin qu'elle reprenne sa mission et sauve le monde et la civilisation.

*

Que l'Europe y songe ! — le socialisme, organisé par l'*Internationale*, mine, dans tous les États, l'ordre public. Cette doctrine s'adresse aux foules aveugles, disciplinées, mais puissantes par le nombre. Elles ont un même but : renverser le droit, spolier la propriété, supprimer la liberté individuelle. La Prusse a montré que le triomphe ne peut être atteint que par l'organisation, c'est-à-dire, le silence dans les préparatifs, la haine comme inspiration, la terreur comme moyen, le mensonge pour tromper les faibles et les indifférents devenus complices.

La guerre actuelle est le triomphe du socialisme couronné.

Le socialisme de doctrine y puisera sa justification.

Il y a déjà trouvé son organisation.

Les événements montreront leur *complicité*.

Un seul salut existe : une assemblée d'hommes de tous les États réunis en *Congrès* effaçant de l'histoire de la civilisation les conséquences des succès monstrueux du socialisme couronné, prétexte du socialisme de doctrine qui l'a pris comme modèle; et après avoir rendu l'Alsace et la Lorraine, désintéressé les victimes, proclamé le respect des traités, décrété l'inviolabilité de la propriété et de la liberté individuelles, stigmatisé les missions divines que se donnent les fourbes et les parjures, reviennent aux principes d'honneur, de loyauté et de foi religieuse, triomphe de l'éternelle doctrine de l'Évangile et du catholicisme, unique base de la civilisation du monde moderne.

On n'efface pas l'histoire; mais on peut la refaire.

Et pour refaire ces pages de l'histoire de France, ce que veut la Nation, c'est un Roi qui soit un chef; et, quel que soit l'étendard, ce peuple monarchique, catholique et soldat saura le maintenir au-dessus des nations.

Et prêt devant l'Europe attentive, ces grandes questions qui divisent les peuples se résoudront alors pacifiquement, nous le répétons, sous la prépondérance du plus honnête, du plus loyal, du plus digne souverain qui ait jamais conduit les destinées des peuples.

Paris-Imp. PAUL DUPONT, 41, rue Jean-Jacques-Rousseau.

www.ingramcontent.com/pod-product-compliance
Lightning Source LLC
Chambersburg PA
CBHW060955050426
42453CB00009B/1186